Morgen grüße

Gesammelte Aussprüche
von Reichgottesarbeitern

79.
Folge

SCM

SCM

Stiftung Christliche Medien

Der SCM Verlag ist ein Imprint der SCM Verlagsgruppe,
die zur Stiftung Christliche Medien gehört, einer gemeinnützigen
Stiftung, die sich für die Förderung und Verbreitung christlicher
Bücher, Zeitschriften, Filme und Musik einsetzt.

***Jedem Leser empfehlen wir:
Schlagen Sie täglich die angegebenen Bibelstellen
nach und nehmen Sie so Gottes Wort als einen persönlichen
Morgengruß.***

Umschlaggestaltung: Johannes Käser, Witten
Umschlagfoto: istock/Elena Chelysheva
Satz: Uhl + Massopust GmbH, Aalen
Druck und Bindung: Brockhaus Druck, Dillenburg
ISBN 978-3-7893-4998-0
Bestell-Nr. 624.505.025

Papier aus verantwortungsvoller Quelle.

1. Im Vertrauen auf Gott können wir unbeschwert in die Zukunft blicken. ***Tagesvers: Hebräer 13,5-6***
2. Gott spricht: Siehe, ich bin dein Ziel. ***Tagesvers: Hiob 19,25-27***
3. Die Kompassnadel wird ruhig, wenn sie in die richtige Richtung zeigt. Wir finden Ruhe, wenn unsere Gedanken auf Jesus gerichtet sind. ***Tagesvers: Sprüche 3,6***
4. Wenn es dir schwerfällt, mit anderen Geduld zu haben, denke an Gottes Geduld mit dir. ***Tagesvers: 1. Thessalonicher 5,14***
5. Menschen, für die wir beten, bleiben uns nicht gleichgültig. Wir lernen sie verstehen und werden ihnen von Herzen zugetan. ***Tagesvers: 1. Mose 18,22-24***
6. Unsere leeren Hände sind Gottes Gelegenheit, sie zu füllen. ***Tagesvers: Lukas 9,13.16***
7. Das Gebet und die Fürbitte sind die stärksten Mächte im Reich Gottes. ***Tagesvers: Apostelgeschichte 12,5.24***
8. Unser Kreuz, das wir tragen sollen, versuchen wir gewöhnlich abzuwerfen, während wir uns mit Sorgen abschleppen, die wir auf den Herrn werfen dürfen. ***Tagesvers: Psalm 68,20***
9. Mache die Sache Gottes zu deiner Sorge, dann macht der Herr deine Sorgen zu seiner Sache. ***Tagesvers: Lukas 12,30.31.33***
10. Gott erwartet von uns nicht, dass wir seine Wege, seine Führungen verstehen, wohl aber, dass wir ihm vertrauen. ***Tagesvers: Psalm 18,31***
11. Stille Stunden, in denen wir das Gespräch mit Gott pflegen, machen uns stark für die Nöte des Alltags. ***Tagesvers: 1. Mose 24,62-63***
12. Gott tut, was wir nicht können; an uns ist es, das zu tun, was wir können. ***Tagesvers: Markus 14,8a***

13. Gebet verschiebt unsere Aufmerksamkeit vom Problem zur Macht, von unserer Ohnmacht zu Gottes Allmacht. ***Tagesvers: 1. Chronik 16,11-12***
14. Unsere Bedürfnisse mögen groß sein – Gottes Fülle ist größer. ***Tagesvers: Maleachi 3,10***
15. Wir halten gern Ausschau nach Wundern und übersehen dabei die Wunder, die uns täglich umgeben. ***Tagesvers: Matthäus 6,30***
16. Ich glaube, dass ich nicht vollkommen zu sein brauche, um von Gott geliebt zu werden. ***Tagesvers: Lukas 15,1-2***
17. Gott hat uns zu lange geliebt und für einen zu hohen Preis erkauft, als dass er uns jetzt vergessen könnte. ***Tagesvers: Psalm 13,2.6***
18. Liebe räumt anderen Hindernisse aus dem Weg. ***Tagesvers: Sprüche 17,17***
19. Wie Gott helfen wird, das wissen wir nicht, aber dass er helfen wird, ist gewiss. ***Tagesvers: 1. Samuel 14,6***
20. Ich bat Gott um alle Dinge, damit ich das Leben genießen könnte. Er gab mir das Leben, damit ich alle Dinge genießen kann. ***Tagesvers: 1. Korinther 6,12***
21. Beginne deinen Tag mit Danken und Loben. ***Tagesvers: Psalm 57,8-10***
22. Wir sind eingehüllt in die Gegenwart Gottes. ***Tagesvers: Sacharja 2,9***
23. Herr, du bist ein Gott, der gern erfreut! ***Tagesvers: Jesaja 56,7***
24. Der Töpfer kann den Ton nicht formen, wenn er nicht völlig in seiner Hand ist. ***Tagesvers: Jeremia 18,4-6***
25. Gehe erwartungsvoll durch deinen Tag, und du wirst ein beschenktes Kind deines himmlischen Vaters. ***Tagesvers: Psalm 145,15.16***
26. Regiere nicht, sondern lebe vor! ***Tagesvers: 1. Petrus 5,3***

JANUAR

27. Friede mit Gott ist der Sieg über Angst und Furcht. ***Tagesvers: Richter 6,23-24***
28. Das ewige Leben ist kein zukünftiges Leben, es beginnt schon heute. ***Tagesvers: Johannes 5,20***
29. Jesus machte sich auf den Weg zu uns. Er zahlte für uns, um uns zu sagen, dass wir zu Hause geliebt und willkommen sind. ***Tagesvers: Johannes 17,24-26***
30. Beten heißt vor allem: hören. ***Tagesvers: Jesaja 6,5-8***
31. Wo Menschenhand zu kurz ist, da ist Gottes Hand lang genug. ***Tagesvers: Jesaja 59,1***

FEBRUAR

1. Liebe spricht: Ich liebe, weil du da bist, weil du mir von Gott gegeben bist. ***Tagesvers: Lukas 6,32-33***
2. Gott ist nicht enttäuscht, wenn wir von Zeit zu Zeit versagen, aber es geht ihm nahe, wenn wir ihm nicht vertrauen. ***Tagesvers: Psalm 103,14***
3. Vertrauen beginnt da, wo wir ganz leer von uns selbst sind. ***Tagesvers: 2. Korinther 3,4-5***
4. Wohin sich unser Herz neigt, dahin wird auch die Richtung unseres Lebens gehen. ***Tagesvers: Psalm 143,8***
5. Schweigen ist oft besser als fromme Worte. ***Tagesvers: Jakobus 3,2***
6. Wie überwinden wir die Angst? Indem wir uns an der Liebe Gottes freuen und uns in ihr geborgen wissen. ***Tagesvers: Psalm 142,4-6***
7. Was ich bin, ist unendlich wichtiger, als was ich habe. ***Tagesvers: Jeremia 9,22-23***
8. Wir können Gott mit dem Verstand suchen, aber finden können wir ihn nur mit dem Herzen. ***Tagesvers: Hohes Lied 3,1-4***

9. Dem Nächsten zuhören zu können ist eine wichtige Aufgabe in unserer Zeit der Inflation der Worte. *Tagesvers: 4. Mose 27,1-5*
10. Bete, bevor du die Bibel liest, bete, während du sie liest, bete, nachdem du sie gelesen hast. *Tagesvers: Psalm 119,169-172*
11. Hast du eine lebendige Verbindung mit Gott, dann kann schon deine Gegenwart ein Segen sein. *Tagesvers: 2. Könige 4,8-9*
12. Das Beste ist nicht immer das, was wir tun, sondern das, was wir an uns geschehen lassen. *Tagesvers: Maleachi 3,3*
13. Jesus ging und geht uns in Liebe nach, so sollen wir auch andern in Liebe nachgehen. *Tagesvers: 1. Mose 37,13-16*
14. Menschen lieben, die man nicht kennt, das ist eine Kunst. Sie lieb zu haben, weil man sie kennt, das ist Jesu Art. *Tagesvers: Matthäus 5,46-47*
15. Der Herr will nicht unsere Werke, er will uns selbst. *Tagesvers: 2. Korinther 8,4-5*
16. Die Gegenwart ist die Zeit, die uns gehört und die wir nach Gottes Willen nutzen sollen. *Tagesvers: Prediger 9,10a*
17. Niemand handelt klüger als der, der im Gespräch mit Gott seinen Tag plant und seine Aufgaben verrichtet. *Tagesvers: Johannes 3,21*
18. Oft begegnet uns Jesus in dem Nächsten. *Tagesvers: 2. Samuel 14,17*
19. Der Herr Jesus ruft uns jeden Morgen neu in seine Nachfolge und in seinen Dienst. *Tagesvers: Jesaja 50,4-5*
20. Jeder Tag ist eine Gabe Gottes an dich. *Tagesvers: Prediger 7,14*
21. Nicht der ist ein Christ, der heil durch den Tag kommt, sondern der, der täglich neu mit seinem Versagen, mit seiner Schuld zu Jesus kommt. *Tagesvers: Lukas 18,11-13*
22. Jesu Vergeben ist stets größer als unser Versagen. *Tagesvers: 1. Mose 3,13.15a*

FEBRUAR

23. Beim Bibellesen ist die wichtigste Frage: Was hat mein Herr mir heute zu sagen? ***Tagesvers: 5. Mose 5,1.26***
24. Gesegnet ist, wer an sich selbst verzweifelt, denn für den ist Jesus da. ***Tagesvers: Jesaja 66,2***
25. Dein Heiland sagt: Wenn du mich liebst, dann vertraue mir! ***Tagesvers: Johannes 8,46b***
26. Herr, wir leben von deiner Gnade – und anders wollen wir es auch nicht. ***Tagesvers: Psalm 109,21***
27. Gottes Liebe ist sicherer als unser Zweifel, fester als unser Schwanken, beständiger als unser Bangen, höher als unsere Vernunft. ***Tagesvers: Johannes 16,27***
28. Lieblose Kritik gehört nicht zur Waffenrüstung eines Christen. ***Tagesvers: 2. Korinther 10,2.4***

MÄRZ

1. Mit zerbrochenen Werkzeugen tut Gott seine großen Taten. ***Tagesvers: Richter 7,16.19.20***
2. Mein Mangel und Jesu Können passen zusammen. ***Tagesvers: Matthäus 14,17-20***
3. Wenn man nicht mehr die Kraft hat, sich an Gott zu halten, dann kann man doch noch vertrauen, dass er uns hält. ***Tagesvers: Psalm 3,3-6***
4. Aus schwersten Lasten schafft Gott neue Möglichkeiten. ***Tagesvers: 2. Mose 6,6-8***
5. Die Menschen sehen uns so, wie wir sind. Gott aber sieht uns, wie wir sein möchten und einst sein werden. ***Tagesvers: Philipper 3,12-14***
6. Gott kann auch im Dunkeln segnen, auch da, wo alles verloren scheint. ***Tagesvers: Micha 7,8-9***

7. Es ist einer da, der auch den heutigen noch unbekannten Tag mit dir durchlebt: Jesus. ***Tagesvers: Psalm 91,4-5***
8. Wo Glaube, da Hoffnung, wo Hoffnung, da Liebe, wo Liebe, da Frieden. ***Tagesvers: 1. Thessalonicher 1,1.3***
9. Ist es nicht töricht, sich in falscher Bescheidenheit mit Tropfen zu begnügen, wo Ströme versprochen sind? ***Tagesvers: Jesaja 43,20***
10. Je mehr ein Mensch lernt, Gott für alles Danke zu sagen, desto reicher wird sein Gebet. ***Tagesvers: Psalm 69,30.31***
11. Wo man mit der Gegenwart Gottes rechnet, muss Angst und Sorge weichen. ***Tagesvers: 2. Chronik 15,2.8***
12. Wer mit Jesus lebt, weiß auch, dass er lebt. ***Tagesvers: Römer 6,8-10***
13. Gott führt uns immer Schritt für Schritt. ***Tagesvers: Jakobus 4,13-15***
14. Wenn wir Menschen auf die ewige Heimat hinweisen wollen, müssen wir ihnen zunächst hier unten eine Heimat geben. ***Tagesvers: Hebräer 13,2***
15. Gebet ist Verbundenheit mit Gott. Gebet ist Freundschaft mit Gott. ***Tagesvers: Johannes 15,15.16***
16. Wir werden nicht in das Meer der Angst geworfen, um darin unterzugehen, sondern um die starke Hand Gottes zu erfahren. ***Tagesvers: 2. Samuel 22,7***
17. Gott kann nicht immer alle Angst von uns nehmen, aber das kann er immer: uns in der Angst trösten. ***Tagesvers: Psalm 138,7***
18. Mit Liebe ist alles zu überwinden. Ohne sie befindet man sich in einem Kriegszustand mit sich und andern. ***Tagesvers: Epheser 4,2.15***
19. Habe den Mut, etwas mit Jesus zu wagen. ***Tagesvers: 2. Chronik 17,3.6***
20. Helfen macht glücklich; den, der hilft, und den, dem geholfen wird. ***Tagesvers: Apostelgeschichte 16,9-10***

21. Das Gebet ist die Grundmauer eines Tages. ***Tagesvers: Daniel 6,11***
22. Wenn wir zu Christus kommen, werden wir eine Antwort nie hören: Komm später! ***Tagesvers: Johannes 6,37***
23. Das Höchste, was ein Mensch auf dieser Erde erreichen kann, sind die Freundschaft und die Gemeinschaft mit Gott. ***Tagesvers: Jakobus 2,23***
24. Gott liebt uns nicht, weil wir gut sind, sondern weil er gut ist. ***Tagesvers: Epheser 2,4-5***
25. Im Danken liegen Überwindungskräfte. Darum sagt Gott allezeit Dank für alles. ***Tagesvers: Apostelgeschichte 27,35-36***
26. Wir reifen, wenn wir lernen, unsere Bedürftigkeit loszulassen. ***Tagesvers: Kolosser 6,2-4***
27. Lass deine Arbeit Gebet und dein Gebet Arbeit sein. ***Tagesvers: Nehemia 4,10-12***
28. Wirksam beten können wir nur mit leeren Händen. ***Tagesvers: Lukas 11,5-6***
29. Über der Vielfalt der Zeit steht ein ewiger Gott, dessen Weisheit uns führt, dessen Stärke uns schützt, dessen Liebe uns erhält. ***Tagesvers: 2. Mose 15,13***
30. Glauben heißt, auch im Dunkeln, wenn man nichts sieht, vorwärtszugehen und zu vertrauen. ***Tagesvers: Jesaja 50,10***
31. Die Ruhe im Herrn hängt nicht von äußeren Umständen ab, sondern von unserer Gemeinschaft mit Gott selbst. ***Tagesvers: Psalm 61,3***

1. Das sind drei schwere Dinge: ein Geheimnis bewahren, eine Beleidigung vergessen, seine Zeit gut nutzen. ***Tagesvers: Hebräer 12,28***
2. Trösten – nicht vertrösten –, das ist unsere Aufgabe. ***Tagesvers: Hiob 21,34***

3. Setze dich nicht mit Menschen auseinander, setze dich mit ihnen zusammen. *Tagesvers: Psalm 133,1.3*
4. Unser Gott macht keinen Unterschied zwischen dir und dem andern. Also tue du es auch nicht. *Tagesvers: Jakobus 2,1*
5. Lasst uns Treppen der Barmherzigkeit in das Haus des Elends bauen. *Tagesvers: Jesaja 58,10*
6. Gott behandelt uns alle als Originale, darum sollte keiner dem andern eine Methode vorschreiben. *Tagesvers: 1. Mose 49,28*
7. Bedenke, alles ist nur für eine kleine Weile geliehener Besitz. *Tagesvers: 1. Korinther 7,30-31*
8. Gott ist weder altmodisch noch modern. Er ist ewig. *Tagesvers: Jeremia 10,10.12*
9. Die taufrische Gnade und Barmherzigkeit Gottes machen einen dunklen Tag hell. *Tagesvers: Sprüche 16,15*
10. Beginne den heutigen Tag nicht mit den Scherben von gestern. *Tagesvers: Hosea 10,12*
11. Lasst euch niemals so mit Sorgen erfüllen, dass ihr die Freude über den auferstandenen Christus vergesst. *Tagesvers: Johannes 20,19-20*
12. Schwierigkeiten sollen uns nicht zum Stolpern bringen, sondern zu Stufen werden, die auf die Höhe führen. *Tagesvers: Jeremia 26,16*
13. Mut zum Leben haben ist nur möglich durch Jesus Christus. *Tagesvers: 2. Korinther 12,10*
14. Meine deutlichste Sprache ist mein Leben. *Tagesvers: 2. Korinther 3,3*
15. Sei immer wieder eine Weile still und mit deinem Gott allein, das löst manche Fragen und lindert manches Leid. *Tagesvers: 1. Mose 24,12*
16. Jesus sagt nicht nur: »Kommt her zu mir«, sondern auch: »Geht hin, um andern von mir zu erzählen.« *Tagesvers: Matthäus 22,9*

17. Christwerden, das ist keine Sache von heute auf morgen, das ist die Arbeit eines ganzen Lebens. *Tagesvers: Philipper 3,12-14*
18. Das Kreuz Christi ist eine Art von Last, wie es Flügel für die Vögel sind: Sie tragen aufwärts. *Tagesvers: Jesaja 40,31*
19. Wer Ostern verstanden hat, der weiß nicht nur, dass Jesus meine Strafe getragen hat, der weiß auch: Er ist der siegende Herr, und ich habe mit einem siegenden Heiland zu rechnen. *Tagesvers: Jesaja 44,22-25*
20. Für ein Kind Gottes ist an jedem Tag Ostern, ist jeder Morgen ein Ostermorgen. *Tagesvers: 2. Korinther 4,14-16*
21. Christus, der Auferstandene, hat Trost für alle deine Müdigkeit und Licht für alle deine dunkelsten Stunden. *Tagesvers: Johannes 12,36*
22. Wo der Geist wirkt, kann man nicht im alten Trott weiterleben. *Tagesvers: Jeremia 4,1.3*
23. Ein Geheimnis der Kraft ist Freude, nicht an vergänglichen Dingen, sondern an dem ewig reichen Gott. *Tagesvers: Habakuk 3,18-19*
24. Die Erde war wüst und leer. Sie wurde anders, als Gott sprach. Der Mensch ist von Natur wüst und leer. Er wird anders, wenn Gott zu uns reden kann. *Tagesvers: Matthäus 8,16*
25. Legen wir uns heute in Gottes Hände, dann ist es vorbei mit der Angst vor dem Morgen, denn wir sind heute und morgen geborgen. *Tagesvers: Zephanja 3,13b-15*
26. Christus ist der Fels, den die Fluten der Zeit nicht stürzen können. *Tagesvers: 2. Samuel 22,2-3*
27. Um die stille Zeit am Morgen müssen wir oftmals wie ein Löwe kämpfen. *Tagesvers: Jesaja 33,2*
28. Beten heißt über alles, was uns von morgens bis abends bewegt, mit Jesus sprechen. *Tagesvers: Markus 1,30*

APRIL

29. Heiligung ist eine lebenslange Umwandlung in Christusähnlichkeit. *Tagesvers: 1. Timotheus 4,5*
30. Gnade ist das Überfließen des Herzens Gottes. *Tagesvers: Psalm 103,4.11.17*

MAI

1. Wer ein Segen sein will, muss bei Jesus bleiben, allezeit in seiner Nähe. *Tagesvers: Lukas 24,50-53*
2. Jede Begegnung ist eine Gelegenheit, ein Bote der göttlichen Liebe zu sein. *Tagesvers: Markus 10,49*
3. Mit Gott bekommt unsere Zeit einen Hauch von Ewigkeit, mit ihm kann jeder Tag zum Fest werden. *Tagesvers: Hosea 2,21-22*
4. Rechne mit dem schöpferischen Herrn, der täglich neu mitten hinein in Dunkel und Ausweglosigkeit sein »Es werde« spricht! *Tagesvers: Amos 4,13*
5. Glauben heißt: die Hand fassen, die Gott ausstreckt, und sich täglich führen lassen. *Tagesvers: Sprüche 1,24-33*
6. Wer Außerordentliches sehen will, der muss auf das blicken, was andere nicht beachten. *Tagesvers: 1. Könige 5,13*
7. Je größer Jesus für uns wird, desto kleiner wird alles andere. *Tagesvers: Psalm 147,1.5.11*
8. Gott kommt nie zu spät, aber wir kommen gewöhnlich zu spät zu ihm mit unserer Not. *Tagesvers: Prediger 3,11*
9. Kleine Freuden sind Blumen im Teppich des Lebens. *Tagesvers: 15,30*
10. Jesus ist Licht in Finsternis. Er ist Freude in Traurigkeit. *Tagesvers: Jesaja 61,3*
11. Licht sein – aber andere nicht blenden. Salz sein – aber nicht anderen das Leben versalzen. *Tagesvers: Kolosser 4,6*

12. Wer das Glück in Jesus gefunden hat, bekommt einen Blick für das Unglück des Nächsten. ***Tagesvers: 2. Korinther 5,20***
13. Eine kleine Freude ist ein Sonnenstrahl, der den Tag erleuchtet. ***Tagesvers: Sprüche 12,20b.25***
14. Wir brauchen Menschen, aber vergiss nicht: Sie brauchen auch uns. ***Tagesvers: Johannes 5,7***
15. Gott wohnt, wo wir ihn einlassen. ***Tagesvers: Hesekiel 37,26-28***
16. Christus hat die Entfernung zwischen Gott und Mensch dadurch überwunden, dass er in die Mitte getreten ist. ***Tagesvers: Hebräer 9,15***
17. Wo wir keinen Weg mehr sehen, da will Gott einen Weg bahnen. ***Tagesvers: Jesaja 43,16.19***
18. Mensch sein heißt Kämpfer sein, Christ sein heißt Sieger sein. ***Tagesvers: 1. Mose 49,9***
19. Gott arbeitet nie nach Schablone. ***Tagesvers: 2. Mose 17,6; 4. Mose 20,8***
20. Wahrhaft demütige Menschen sind auch wahrhaft frohe Menschen. ***Tagesvers: Jakobus 4,6***
21. Die Liebe will nichts von dem andern, sie will alles für den andern. ***Tagesvers: 1. Thessalonicher 2,8-9***
22. Es ist besser, dem Herrn lieber zu viel zuzutrauen als zu wenig. ***Tagesvers: Psalm 34,9***
23. Für Gott gibt es keine hoffnungslosen Fälle. ***Tagesvers: Jesaja 56,3-5***
24. Weil Gott größer ist als alles, was ein Herz bewegen kann an Anfechtung und Schmerz, darf sein Wort es sich erlauben, unsere wunden Stellen zu berühren. ***Tagesvers: Jeremia 3,12-13.22***

MAI

25. Beten bedeutet nichts anderes, als Jesus Zugang zu uns zu gewähren. *Tagesvers: Klagelieder 3,57*
26. Jesus hat Pläne mit uns. Lass ihn nur machen! Er kann es besser als wir. *Tagesvers: Johannes 21,3.15.18*
27. Gott lässt uns manchmal müde und schwach werden, damit wir uns nach ihm ausstrecken und auf seine Hilfe harren lernen. *Tagesvers: Psalm 25,3.17.20*
28. Wer sich vom Herrn leiten lässt, dessen Weg bleibt hell, auch wenn es nach außen dunkel wirkt. *Tagesvers: Sprüche 4,18*
29. Es fällt uns oft leichter zu handeln, als zu warten und Gott zu vertrauen. *Tagesvers: 1. Samuel 13,8-14*
30. Du kannst einem Menschen nie das geben, was du gefunden hast, aber du kannst das Verlangen danach in ihm wachrufen. *Tagesvers: Johannes 1,45-46*
31. Echtes Beten ist Zwiesprache mit Gott und nicht Ansprache an Gott. *Tagesvers: 2. Mose 19,19*

JUNI

1. Ein stolzer Mensch sieht auf alles herab, auf Menschen und Dinge, und es ist klar: Solange man herabschaut, kann man nicht aufsehen. *Tagesvers: Jesaja 40,26*
2. Gott gibt uns täglich Reiseproviant für den Weg durch die Wüste. *Tagesvers: 1. Könige 19,6-8*
3. Der Herr lehre uns, unsere Tage behutsamer zu zählen als unsere Geldstücke, damit wir Klugheit ins Herz bringen. *Tagesvers: Psalm 39,5-6*
4. Will man Wunder Gottes erleben, so muss man es sich gefallen lassen, in Schwierigkeiten geführt zu werden. *Tagesvers: Micha 7,15*

5. Gestern half mir der Herr, heute preise ich seinen Namen, denn ich weiß, dass er morgen auch helfen wird. ***Tagesvers: 2. Korinther 1,10***
6. Überlasse dich der Barmherzigkeit Gottes und habe Geduld mit dir selbst, wie Gott sie mit dir hat. ***Tagesvers: Nehemia 1,3***
7. Gott kann gewöhnlich Dinge so zusammenfügen, dass sie zu Wundern werden. ***Tagesvers: Hiob 5,9***
8. Ich wünsche mir, dass du Halt findest wie ein Efeu an einem festen Stamm und die Kraft hast, ein Stamm zu sein für die, die du tragen sollst. ***Tagesvers: Psalm 26,6-7.12***
9. Mögen das Meer und der Sturm noch so sehr toben, bei Jesus im Boot ist Ruhe und Frieden. ***Tagesvers: Matthäus 8,24-26***
10. Wer eigene Gedanken hat, braucht sich vor fremden nicht zu fürchten. ***Tagesvers: Hiob 32,2-10***
11. Wandel ohne Worte ist kraftlos, das Wort ohne Wandel ist unglaubwürdig. ***Tagesvers: 1. Samuel 25,32-35***
12. Jesus sucht dich! Du bist nicht dazu verurteilt, dortzubleiben, wo du bist, und das zu bleiben, was du bist. ***Tagesvers: Amos 9,3.14-15***
13. Wir müssen jeden Tag von Neuem glauben, der gestrige Glaube nützt für heute nichts. ***Tagesvers: Habakuk 2,4***
14. Dem Herrn liegt daran, dass wir uns freuen. Er hat sich vorgenommen, uns zu erfreuen. ***Tagesvers: Apostelgeschichte 2,28***
15. Liebe redet nicht viel, sie handelt. Sie verspricht nicht viel, sie tut etwas. ***Tagesvers: Markus 2,3-5***
16. Wer Zeit hat für Gott, hat Zeit genug. Wer keine Zeit für Gott hat, dem fehlt sie zu allem. ***Tagesvers: Psalm 31,16***
17. Alles, sei es noch so einfach, ist eine Hülle des Schöpfers. Er ist in jedem Stein, in jedem Blatt, in jeder Wolke. ***Tagesvers: Psalm 104,3.13-14***

18. Gib uns wieder offene Augen füreinander, Ohren zum Hören aufeinander, Herzen, in denen der andere wieder Platz hat. *Tagesvers: 2. Timotheus 2,24.25*
19. Ein Christ ist ein Mensch, der für das Wort »Gott« das Wort »Vater« einsetzen darf. *Tagesvers: 1. Korinther 8,6*
20. Wie wichtig ist es, von Jesus das rechte Reden und Schweigen zu lernen! Wir reden oft und laut, wo wir schweigen sollten, und schweigen, wo wir reden sollten. *Tagesvers: Jesaja 53,7; Johannes 7,46*
21. Viele Dinge haben wir im Kopf, aber wie wenig im Herzen von dem, was Gott uns zugedacht hat. *Tagesvers: Kolosser 3,1-2*
22. Wenn wir jeden Tag, jeden Augenblick aus Gottes Hand nehmen, bekommt er einen großen Wert. *Tagesvers: Psalm 68,20*
23. Wir müssen keine Riesensprünge machen, wohl aber Schritt für Schritt mit Jesus gehen. *Tagesvers: Jeremia 50,5*
24. Lasst uns vertrauen, dass Christus alles zurechtbringen, jeden Schaden heilen und jede Sehnsucht stillen wird. *Tagesvers: Epheser 1,19-20*
25. Keine unserer Angelegenheiten ist Jesus zu winzig, kein Problem für ihn zu schwierig. *Tagesvers: Lukas 9,12.16-17*
26. Der Glaube dringt durch lauter Unmöglichkeiten hindurch, weil er sich an Gottes Verheißungen halten darf. *Tagesvers: 1. Könige 18,32-38*
27. Wer Gott hat, der hat Ewigkeit, und wer Ewigkeit hat, der hat auch Zeit. *Tagesvers: Galater 6,10*
28. Die Bibel kann man nicht lesen wie eine Zeitung. Sie ist wie ein Bergwerk, in dem man nachgraben muss. *Tagesvers: Sprüche 2,1-5*

JUNI

29. Das Herz hat immer ein Vetorecht gegen die Beschlüsse des Verstandes. *Tagesvers: 1. Samuel 11,12-13*
30. Gottes Wort ist eine unerschöpfliche Quelle, je mehr wir schöpfen, desto reichlicher quillt sie. *Tagesvers: Jesaja 12,3*

JULI

1. Sonne dich in der Liebe Jesu! *Tagesvers: Hohes Lied 2,3-6*
2. Der Weg zum Glück besteht darin, sich um nichts zu sorgen, was sich unserem Einfluss entzieht. *Tagesvers: Matthäus 6,26-27*
3. Wir brauchen jeden Tag eine neue Erfüllung mit dem Heiligen Geist. *Tagesvers: Galater 5,16.18*
4. Dies ist die Lösung für alle Konflikte unseres persönlichen Lebens und für die Probleme der Welt: die Liebe. *Tagesvers: Römer 13,8.10*
5. Gott sehnt sich nach unseren Gebeten, damit er uns beschenken kann und wir das Danken lernen. *Tagesvers: Jeremia 33,3.11*
6. Zu Jesus kommen, das heißt: nach Hause kommen. Bei Jesus sein, das heißt: zu Hause sein. *Tagesvers: Jesaja 63,16; Lukas 15,20*
7. Niemand ist so arm, dass er nicht für einen noch Ärmeren ein Sonnenstrahl, ein Licht sein könnte. *Tagesvers: 2. Könige 5,1-3*
8. Kleine Taten verändern die Welt, und die Zahlen hinter dem Komma werden in der Endabrechnung nicht vergessen. *Tagesvers: Matthäus 26,13*
9. In allem, was uns begegnet, will Gott uns begegnen. *Tagesvers: Josua 22,31*
10. Selig seid ihr, wenn ihr versteht, die kleinen Dinge ernst und die ernsten Dinge ruhig anzuschauen. *Tagesvers: 2. Könige 6,15.17*
11. Gott gönnt uns Pausen, damit wir nicht mehr, sondern mehr Wesentliches tun. *Tagesvers: Markus 6,31*

12. Der Herr wartet darauf, dass wir seinen Blick auffangen und uns von seinen Augen leiten, uns helfen und zurechtweisen lassen. *Tagesvers: Sacharja 8,17.19*
13. Alltag kann ein Festtag werden, wenn man anderen einen daraus macht. *Tagesvers: 2. Könige 7,8-9*
14. Zeiten der Stille werden oft von Gott verordnet, weil er zuerst ein Werk in uns tun will. *Tagesvers: Galater 1,16-17*
15. Das ist wichtig, dass wir Gottes Wort lesen, nicht nur um Trost zu finden, sondern um Gottes Willen zu erkennen. *Tagesvers: Nehemia 8,11-12*
16. Herr, lass mich gehen, wohin du gehst; lass mich stehen, wo du stehst. *Tagesvers: 2. Samuel 15,21*
17. Wenn wir uns nicht mehr wundern können, erleben wir auch keine Wunder. *Tagesvers: Psalm 139,14*
18. Gehe nicht gedankenlos am Nächsten vorüber. Sieh ihn an! Vielleicht erwartet er gerade jetzt von dir ein gutes Wort. *Tagesvers: Apostelgeschichte 3,3-4*
19. Die Tage mit ihren Aufgaben sind verschieden. Aber Gott ist bei uns alle Tage, um uns zu geben, was wir benötigen. *Tagesvers: Psalm 78,14-16*
20. Der schönste Dank für Gottes Gaben besteht darin, dass man sie weitergibt. *Tagesvers: Sprüche 11,24-25*
21. Du erwirbst die Fähigkeit des Mitgefühls mit den Leiden anderer nur durch eigenes Leiden. *Tagesvers: 2. Korinther 1,3-5*
22. Die Ehrfurcht vor Gott ist uns heute mehr denn je geboten; denn allzu oft wird er in seiner Heiligkeit nicht mehr ernst genommen. *Tagesvers: 2. Samuel 6,6-7*

JULI

23. Willst du haben, dann gib; denn ein gebendes Leben macht nicht arm, sondern reich. ***Tagesvers: Lukas 6,38***
24. Freue dich dankend an dem, was du hast, und es wird dir nicht viel Zeit bleiben, das zu beklagen, was du nicht hast. ***Tagesvers: 5. Mose 33,18***
25. Der Herr übernimmt die Verantwortung für alle Wege, auf denen er die Seinen zum Ziel führt. ***Tagesvers: Jesaja 43,16.19***
26. Unser Gott ist mächtig. Er kann Wege aus der Ausweglosigkeit weisen. ***Tagesvers: 5. Mose 5,15***
27. Niemand ist frei, der nicht über sich selbst Herr ist. ***Tagesvers: Sprüche 16,32***
28. Sei mit anderen immer ein wenig geduldiger als mit dir selbst. ***Tagesvers: Jakobus 5,9***
29. Herr, lass mich Heimweh nach dir haben, wenn ich nicht nahe bei dir bin. ***Tagesvers: Hohes Lied 3,1-4***
30. Völliges Vertrauen bedeutet Freude, denn die auf den Herrn trauen, sind glückselig. ***Tagesvers: 1. Chronik 5,20***
31. Wo ein neues Herz ist, ist auch neues Leben. Leben ist aber nicht zu verwechseln mit Betriebsamkeit. ***Tagesvers: Hesekiel 36,26-27; Jesaja 42,4***

AUGUST

1. Wir dürfen unser Möglichstes tun, und Gott wird das Unmögliche tun. ***Tagesvers: Sacharja 8,6-9***
2. Glaube, Geduld und Gebet sind die Schwimmgürtel für den Strom des Alltags. ***Tagesvers: Jakobus 1,4-6***
3. Du kannst die unbedeutendste Arbeit adeln, wenn du sie für Jesus tust. ***Tagesvers: Epheser 6,6.7***

4. Die Gnade Gottes kann sich keiner erarbeiten oder verdienen. Gnade ist und bleibt ein Geschenk. *Tagesvers: Römer 3,24*
5. Es steht immer einer neben uns, der unsere Liebe braucht. *Tagesvers: Lukas 10,3.34.37*
6. Wer Gott seinen Vater nennen kann, der darf ihn auch um alles bitten. *Tagesvers: Johannes 16,23*
7. Fülle du mich, Herr, damit ich gebe. Ich habe nichts zu geben. Alles ist nur Gabe und Gnade von dir. *Tagesvers: Psalm 112,3.9*
8. Das ist die Bedeutung von Freundschaft: mit Brüdern und Schwestern durchs Leben zu gehen, einander zu ermutigen, herauszufordern und einander beizustehen. *Tagesvers: 1. Thessalonicher 5,12-15*
9. In Gottes Augen ist der Gehorsam, den wir in den kleinsten Dingen beweisen, größer als alle Dienste, die wir ihm zu leisten gewillt sind. *Tagesvers: Römer 6,16-17*
10. Wenn wir aufrichtig umkehren und uns verändern wollen, müssen wir lernen, auf unsere innere Stimme, in der Gott zu uns spricht, zu hören, anstatt uns von der Meinung anderer abhängig zu machen. *Tagesvers: Römer 12,2*
11. Wenn Gottes Geist unter uns am Werk ist, brauchen wir nicht vor den bösen Geistern unserer Zeit zu kapitulieren. *Tagesvers: Richter 6,25-26.30.34a*
12. Eine Sprache verstehen alle Menschen, das ist die Sprache der Liebe. *Tagesvers: 5. Mose 10,18.19*
13. Wer erlebt hat, wie großzügig Gott ist, kann nicht kleinlich seinen Mitmenschen gegenüber sein. *Tagesvers: Nehemia 5,10-12*
14. Eltern verstehen die Sprache ihrer kleinen Kinder am besten. Wie viel mehr versteht Gott seine Kinder. Er weiß, was sie möchten und wie er helfen kann. *Tagesvers: Psalm 103,13.14*

15. Für jede Möglichkeit, die in unser Herz ausgegossene Gottesliebe beweisen zu können, sollten wir dankbar sein. ***Tagesvers: Apostelgeschichte 2,45-47***
16. Wer nicht den Mut hat, auch einmal etwas verkehrt zu machen, der wird auch nichts richtig machen. ***Tagesvers: Richter 5,2.18***
17. Dass ich mich auf Gott verlassen und ihm in allem vertrauen kann, ist wesentliche Voraussetzung für mein Leben. ***Tagesvers: Psalm 33,4.22***
18. Je tiefer wir die ewige Liebe verstehen, mit der wir geliebt sind, desto mehr sind wir fähig, ihr völlig zu vertrauen und darin zu ruhen. ***Tagesvers: Johannes 13,23***
19. Glaube an Gottes Liebe, dann wirst du kostbare Schätze in jedem Kreuz deines Lebens finden. ***Tagesvers: Offenbarung 3,19***
20. Was wir bitten, ist ein Geringes gegen das, was Gott zu geben bereit ist. In unseren Augen ist es etwas Großes, aber ihm ist es ein Kleines, es uns zu schenken. ***Tagesvers: Joel 2,21***
21. Die Gottesliebe ist darum so einmalig, weil sie keine menschliche Erfindung ist. ***Tagesvers: Römer 8,3.37***
22. Wie herrlich ist es, dass Jesus sich um jeden persönlich kümmert. ***Tagesvers: Markus 16,7***
23. In der Bibel stehen lauter alte Geschichten, die jeden Tag neu passieren. ***Tagesvers: Jesaja 40,8***
24. Frieden untereinander ist mehr wert als der persönliche Vorteil. ***Tagesvers: Sacharja 8,19b***
25. Nur dann hat eine erkannte Wahrheit Wert, wenn sie auch unser Leben umgestaltet. ***Tagesvers: Jakobus 1,22.25***

AUGUST

26. Meine ständigen Verlegenheiten sind Gottes Gelegenheiten, in denen er sich an mir und in mir erweist und verherrlicht. *Tagesvers: 1. Samuel 17,47*
27. Ein Leben in der engen Gemeinschaft mit Jesus ist ein Leben des Friedens, der Kraft und Freude. *Tagesvers: 2. Timotheus 1,7.10*
28. Wie viele Feinde du auch haben magst – es ist genug, dass du einen Freund hast, der mächtiger ist als sie alle. *Tagesvers: Sprüche 17,17*
29. Heute wartet Gott auf unsere Bitte. »Bewahre mich, Gott, denn ich trau auf dich.« *Tagesvers: Psalm 25,20*
30. Unser Vater sorgt für uns in zweierlei Weise: Entweder macht er die Last leichter, oder er macht unsere Kraft stärker. *Tagesvers: 1. Chronik 16,11*
31. Gott nährt die Vögel, kleidet die Blumen, nur mit uns Menschen hat er Sorge und Mühe, weil wir ihm nichts zutrauen. *Tagesvers: Psalm 147,9.11*

SEPTEMBER

1. Wer auf bessere Zeiten wartet, für den kommt die Zeit, in der er die verlorene Zeit beweint. *Tagesvers: Prediger 12,1-2*
2. Wird uns ein Kreuz auferlegt, so wollen wir es dem Herrn zuliebe freudig tragen. *Tagesvers: Apostelgeschichte 16,25*
3. Wer zu Jesus kommt, erfährt, dass Jesus nicht bloßstellt oder fertigmacht, sondern dass er mit liebender Vergebung den Weg zur Neugestaltung der Zukunft weist. *Tagesvers: Johannes 8,10-11*
4. Wir müssen nicht um Aufgaben bitten, die unseren Fähigkeiten entsprechen, sondern um Fähigkeiten, die unseren Aufgaben entsprechen. *Tagesvers: Titus 3,14*

5. Gottes Liebe ist grenzenlos, darum lasst selbst gemachte Grenzen fallen. ***Tagesvers: Jakobus 2,4-5***
6. Wir gleichen oft hölzernen Wegweisern, die andern den Weg zeigen, ihn aber selbst nicht gehen. ***Tagesvers: Matthäus 2,8***
7. Anderen mag unsere Lage aussichtslos erscheinen, doch Gott sieht schon jetzt die Schönheit und Vollendung, die seine Hand daraus formen wird. ***Tagesvers: Philemon 1,6***
8. Ich will lernen, mich und mein Leben aus Gottes Perspektive zu sehen. Herr, lass mich mit deinen Augen sehen. ***Tagesvers: Klagelieder 3,57-58***
9. Besser, als das Beste zu wollen, ist es, das Gute zu tun. ***Tagesvers: 2. Thessalonicher 3,13***
10. Welch ein Trost, dass ein Auge über uns wacht, das allen Jammer und alle Sehnsucht sieht. ***Tagesvers: Jeremia 32,19***
11. Welch ein Trost, dass ein Ohr auf uns lauscht, das unser Seufzen und Klagen zu deuten vermag. ***Tagesvers: Psalm 94,9***
12. Welch ein Trost, dass ein Herz immer bereit ist zu hören, zu verstehen und über Bitten und Verstehen zu helfen. ***Tagesvers: Hiob 36,5***
13. Es passieren große Dinge, wenn wir wirklich offen zueinander sind. ***Tagesvers: Apostelgeschichte 20,20.27***
14. Lebe in diesem Augenblick in Jesus und für Jesus, gräme dich nicht über die Vergangenheit und sorge dich nicht um die Zukunft. ***Tagesvers: Johannes 21,20-22***
15. Wer Gottes Wege gehen will, der muss seine eigenen Wege und Gedanken loslassen. ***Tagesvers: Psalm 5,9***
16. Nicht das ist wichtig, eine große Erkenntnis zu haben, sondern das Erkannte in die Tat umzusetzen. ***Tagesvers: Josua 2,9-15***

17. Ein Tag voller Freude ist zwei traurige Tage wert. ***Tagesvers: Jesaja 61,7***
18. Herr, wenn ich keine Zeit für dich habe, keine Zeit, dich und Menschen zu lieben, dann ist alle Eile umsonst. ***Tagesvers: Lukas 10,39***
19. Lass dir helfen und hilf deinem Nächsten, dafür sind wir miteinander verbunden. ***Tagesvers: Apostelgeschichte 4,32.34***
20. Blicke dankbar zurück. Jede Jahreszeit hat ihre eigenen Geschenke, deshalb soll man vom Herbst keine Maiglöckchen und vom Winter keine Sommersonne erwarten. ***Tagesvers: 1. Mose 32,10-11***
21. Sorgen machen uns zu Gefangenen der Vergangenheit, zu Besiegten der Gegenwart, zu Sklaven der Zukunft. ***Tagesvers: Lukas 12,26***
22. Vertrauen ist die Rinde am Baum der Hoffnung. ***Tagesvers: Hiob 6,8***
23. Wo aber Gott am Werk ist, da wird das Kleinste überraschend groß. ***Tagesvers: Matthäus 13,31-32***
24. Die Wahrheit zu finden, erfordert Fleiß; sie auszusprechen Mut und Liebe. ***Tagesvers: Epheser 4,25***
25. Taten sind Früchte, Worte sind oft nur Blätter. ***Tagesvers: 1. Johannes 3,18.22***
26. Es gibt Stunden, in denen wir Gott nichts anderes bringen können als Tränen. Aber wenn wir sie ihm bringen, wird guter Same daraus. ***Tagesvers: Lukas 7,38.44.48***
27. Gott hat sich verpflichtet, dem zu helfen, der betet. Wer nicht betet, beraubt sich selbst der Hilfe Gottes. ***Tagesvers: Hebräer 4,14.16***
28. Der Ausweg aus Neid, Hass, Rache und Vergeltung ist die schöpferische Kraft der Vergebung; wenn wir sie selbst erlebt haben, dann sollten wir sie weitergeben. ***Tagesvers: Matthäus 6,12-13***

29. Lass dich nicht zu sehr beeindrucken von den Tagesereignissen, sondern lerne, das Geschehen unserer Tage von göttlicher Warte aus zu sehen. ***Tagesvers: 2. Könige 6,15-17***

30. Gott hält auch heute in seiner Treue und Allmacht so viel Kraft und Hilfe für dich bereit, wie du brauchst. ***Tagesvers: 5. Mose 9,1.3***

SEPTEMBER

1. Durch Danken und Loben verliert man nicht, sondern man wird reicher und empfängt Kraft, die Lasten des Tages zu tragen. ***Tagesvers: Psalm 68,20.36***
2. Danke Gott jeden Morgen für die neuen Gelegenheiten, Gutes zu tun, und halte tagsüber die Augen dafür offen. ***Tagesvers: 2. Mose 2,16-17***
3. Dem Herrn allezeit danken ist nur möglich, wenn wir allein auf Jesus sehen und nicht auf uns und unsere Nöte. ***Tagesvers: 34,1-2.6***
4. Gott schreibt Geschichte und wir sind mittendrin, das dürfen wir heute neu lernen. ***Tagesvers: Hebräer 10,39***
5. Eine gute Medizin gegen Traurigkeit ist, anderen eine Freude zu machen. ***Tagesvers: 2. Korinther 2,7***
6. Es ist gut, daran zu denken, dass die erste Antwort auf das Gebet nicht immer etwas Sichtbares ist, doch immer innerer Friede. ***Tagesvers: Philemon 4,6-7***
7. Sei anderen eine Oase in der Wüste des Alltags. ***Tagesvers: Psalm 84,6-7***
8. Lerne Ja sagen zu deinem Leben, auch wenn vieles nicht nach deinen Wünschen ist. ***Tagesvers: 6,13-14***
9. Wirfst du das eine Kreuz von dir, wirst du ein anderes finden, wahrscheinlich ein schwereres. ***Tagesvers: Jeremia 42,10-16***

OKTOBER

10. Auch nach einer schlechten Ernte muss man wieder säen. ***Tagesvers: Prediger 11,6***
11. Das Gebet ist eine offene Tür, die niemand zuschließen kann. ***Tagesvers: Apostelgeschichte 12,5***
12. Das sollen wir uns merken: Gott sieht uns und begleitet unseren Weg, und nichts steht zwischen ihm und uns. ***Tagesvers: Psalm 32,7-8***
13. Nur im ständigen Kontakt mit dem Licht selbst können Jünger Jesu ihre Aufgabe erfüllen, die Dunkelheit der Welt zu erhellen. ***Tagesvers: Philemon 2,15***
14. Von Jesus zu wissen genügt nicht, du musst bei ihm und in ihm sein und bleiben. ***Tagesvers: 1. Johannes 3,24***
15. Die Bibel ist kein Lesebuch, sondern ein Lebensbuch. ***Tagesvers: Hesekiel 20,11***
16. Nicht immer sind enttäuschende Erlebnisse ein Unglück. Oft hat der Herr einen Segen hineingepackt. ***Tagesvers: 2. Könige 5,11-15***
17. Ein großes Hindernis der Gemeinschaft mit Gott und der völligen Freude ist ein unversöhnliches Herz. ***Tagesvers: 4. Mose 20,17-21***
18. Wirklich vergeblich ist keine Arbeit für Gottes Reich, wenn auch die Frucht oft eine andere ist als die menschlich erhoffte. ***Tagesvers: 2. Chronik 15,7***
19. Wie würden wir Geduld und Liebe lernen, wenn Gott uns nicht immer wieder mit Menschen zusammenstellte, die uns das Leben schwer machen! ***Tagesvers: Psalm 35,12-15***
20. Gib denen, die da hungern, von deinem Brot, gib denen, die leiden, von deinem Herzen. ***Tagesvers: 2. Chronik 28,15***
21. Gott wartet auf Menschen, die ihm gehorchen, in dunkelster Nacht seiner Liebe vertrauen. ***Tagesvers: 2. Samuel 22,31***

OKTOBER

22. Der Glaube beginnt nicht, wo der Verstand endet, sondern oftmals, wo der Trotz zu Ende ist. ***Tagesvers: 4. Mose 14,2-4.6-9***
23. Es ist nicht so wichtig, was wir anderen vorpredigen, sondern was wir vorlieben und vorleben. ***Tagesvers: Philemon 3,17***
24. Es nimmt von den kleinen Dingen die Langeweile hinweg, wenn wir sie für Jesus tun. ***Tagesvers: Apostelgeschichte 9,36.39***
25. Danken bewahrt in guten Tagen vor Leichtsinn, in schweren Tagen vor Verzweiflung. ***Tagesvers: 1. Chronik 29,11.13***
26. Gott sagt dir nicht, was er tun wird. Er offenbart dir, wer er ist. ***Tagesvers: 2. Mose 3,14***
27. Geduld ist in die Tat umgesetztes Gottvertrauen. ***Tagesvers: Hebräer 6,12-15***
28. Heiligung ist: Jesus selbst in mir. Sie ist ein Geschenk, nicht eine Nachahmung. ***Tagesvers: Johannes 17,19.23***
29. Strafe dich nicht selbst durch deine Ungeduld. Oftmals hat die Hilfe vor deiner Tür gestanden, hat deine Ungeduld gesehen und ist wieder fortgegangen. ***Tagesvers: Jesaja 8,17***
30. Sorgen sind der Nebel, der uns die Sonne verhüllt. ***Tagesvers: 2. Mose 6,9; Psalm 3,9***
31. Manches erscheint uns in unserem Leben als Umweg, aber rückblickend sehen wir die gerade Linie Gottes. ***Tagesvers: Matthäus 2,12; Hosea 14,10***

NOVEMBER

1. In der kräfteraubenden Unruhe unserer Zeit ist die Anbetung Gottes ein Kraftzustrom aus der Ewigkeit. ***Tagesvers: 2. Chronik 20,18-19***
2. Es ist zwar dunkel, doch ich warte auf das Licht. ***Tagesvers: Psalm 97,11***

3. Den Nebelschwaden der Angst und Sorge kann man nur eines entgegensetzen: die Sonne Jesus Christus. ***Tagesvers: Psalm 84,12***
4. Sage nicht, die Sonne muss kommen. Sie ist da! Bitte den Heiligen Geist, deine Fensterläden zu öffnen. ***Tagesvers: Sprüche 20,12***
5. Nicht mehr Versteckspielen wollen vor Gott – das heißt Buße tun. ***Tagesvers: 1. Mose 3,8-10***
6. Wem Gott vergibt, den kann nichts mehr verdammen. ***Tagesvers: Römer 8,33-34***
7. Wenn wir uns mit der Kraft von oben beschenken lassen, dann werden wir die Arbeit beherrschen und nicht sie uns. ***Tagesvers: Haggai 2,4-5***
8. Lasst uns dem Herrn vertrauen, der die Finsternis in den hellen Morgen verwandeln kann. ***Tagesvers: Hiob 37,21***
9. Unsere Lasten werden uns leichter, wenn wir sie in Gottes Hände legen. ***Tagesvers: Psalm 77,11***
10. Schaue nicht auf die Finsternis um dich und in dir, schaue auf Jesus, der dich als die Sonne zu sich ziehen will. ***Tagesvers: Psalm 84,12***
11. Gottes Kinder haben den Zugang zu einer Kraft, die der ganzen Welt überlegen ist. ***Tagesvers: Epheser 3,9.12***
12. Man kann keinen Groll im Herzen festhalten gegen Menschen, die uns Not bereiten, wenn man für sie betet. ***Tagesvers: 1. Samuel 8,7; 12,23***
13. Einen Menschen lieb haben ist wichtiger als recht haben. ***Tagesvers: Kolosser 3,12-15***
14. Gott lässt keinen dunklen Himmel sich über uns wölben, ohne dass er Lichter der Verheißung daran steckt. ***Tagesvers: Amos 5,4-8***
15. Nicht unsere Schwachheit – wohl aber unser Unglaube ist ein Hindernis für den Herrn. ***Tagesvers: Hebräer 3,12.19***

16. Jesus will uns die dunklen Dinge in unserem Leben abnehmen, um uns heute zur Freude zu befreien. *Tagesvers: Jesaja 61,3*
17. Alles Wahre wurde schon einmal gesagt, aber weil so wenige es tun, muss es immer wieder gesagt werden. *Tagesvers: Maleachi 3,10*
18. Das Meer ist nicht so voll Wasser, die Sonne nicht so voll Licht, wie das Herz Gottes voll Liebe ist. *Tagesvers: 1. Johannes 4,9*
19. Wenn man hinuntersteigt oder vielmehr unten steht, dann fällt man nicht so leicht, wohl aber, wenn man hinaufsteigt und oben stehen will. *Tagesvers: 2. Könige 14,10-12*
20. Durch das Gebet und durch das Lesen des Wortes Gottes verlieren wir keine Zeit und Kraft, sondern gewinnen nur. *Tagesvers: Josua 1,8*
21. An nichts schleppt man schwerer als an versäumter Liebe. *Tagesvers: Epheser 4,1-3.15; Römer 13,8*
22. Beten heißt: immer wieder nur einen Namen im tiefsten Herzen aussprechen: Jesus! *Tagesvers: Psalm 5,12; Psalm 75,2*
23. Du brauchst nicht zu fürchten, dich nicht verständlich genug bei Gott gemacht zu haben. Er versteht dich viel besser, als du dich selber verstehst. *Tagesvers: Matthäus 6,7.8*
24. Bete du und lass Gott sorgen! *Tagesvers: Psalm 13,3.6*
25. Unser Gott hat uns versprochen, uns in keiner Not allein zu lassen. *Tagesvers: Psalm 91,15*
26. Gottes Wort hat eine ungeheure Kraft. *Tagesvers: Hebräer 11,3*
27. Glaube ist das Preisgeben aller Sicherungen, ist das ungeschützte Wagnis auf Gott. *Tagesvers: Richter 7,7.22*
28. Es ist oft schwieriger, in der Windstille ganz nahe bei Jesus zu bleiben als im Sturm. *Tagesvers: 1. Johannes 2,28*

NOVEMBER

29. Ein Wort Jesu genügt, um unser Weinen in Freude zu verwandeln und unsere Herzen mit dem Sonnenschein seiner Nähe zu beglücken. ***Tagesvers: Matthäus 8,8; Johannes 20,16***
30. Es ist ein großer Unterschied, ob ich im Finstern sitze oder ob die Finsternis in mir sitzt. ***Tagesvers: Psalm 112,4; Lukas 11,35***

DEZEMBER

1. Dazu bist du auf der Welt, dass es durch dich heller werde. ***Tagesvers: Jesaja 60,1***
2. Sei bereit zum Hören, denn der Herr hat dir jeden Tag etwas zu sagen. ***Tagesvers: Hesekiel 2,1-2***
3. Die kleine angezündete Kerze ist für einen dunklen Raum mehr wert als die größte, die nicht brennt. ***Tagesvers: Sprüche 31,18b; 2. Mose 27,20***
4. Alles Leid der Welt wird klein vor der Zukunft Gottes. ***Tagesvers: Römer 8,17-18***
5. Du verlierst nichts, wenn du mit deiner Kerze die eines anderen anzündest. ***Tagesvers: 2. Korinther 4,6***
6. Jesus ist nicht ein Leuchtender, er ist das Licht! Er ist nicht ein Wegweiser, er ist der Weg. ***Tagesvers: Johannes 14,5-6***
7. Mache anderen Gott sichtbar, schenke ihnen Liebe und du schenkst ihnen Gott. ***Tagesvers: Josua 22,31.33***
8. Versinke nicht in Angst und Traurigkeit, du kannst nicht tiefer fallen als in die starken Arme deines Gottes. ***Tagesvers: 5. Mose 33,27***
9. Wenn Jesus auf euch blickt, so sieht er nicht nach dem, was ihr habt, sondern nach dem, was ihr nicht habt, um euren Mangel mit seinem Reichtum zu füllen. ***Tagesvers: 2. Könige 4,42-44***
10. Das Gebet gräbt die Schätze aus, die uns das Evangelium zeigt. ***Tagesvers: Psalm 119,16-18***

11. Führt dein Weg abwärts und wird es dunkel um dich, so lausche auf Gottes Stimme, denn der eigene Schritt übertönt diese leise Stimme, die mit uns reden will. ***Tagesvers: 1. Chronik 14,14-16***
12. Ich lasse mich fallen in deine Gnade und erwarte von Gottes Gnade alles! ***Tagesvers: Sprüche 19,12b***
13. Haben wir dem Heiligen Geist die Leitung unseres Lebens übergeben, dann können wir auch in der Ungewissheit unserer Tage voll Vertrauen unseren Weg gehen. ***Tagesvers: 1. Könige 17,1-5***
14. Unser Leben wird so lange eine Enttäuschung sein, wie es auf der Täuschung über uns selbst aufgebaut ist. ***Tagesvers: Lukas 18,9-4***
15. Wir sind kein Spiel des Zufalls, sondern stehen in Gottes Hand. Er leitet uns – auch durch Finsternis zum Licht. ***Tagesvers: 1. Mose 45,5.7.8***
16. Glaubst du, Gott würde uns beten heißen, wenn er nicht schon die Erhörung geplant hätte? ***Tagesvers: Matthäus 7,7-11***
17. Es ist ein großes Ding, etwas Kleines recht zu tun. Im Kleinen zeigt sich das Wesen eines Menschen oft mehr als im Großen. ***Tagesvers: Sprüche 31,15-20***
18. Aufsehen auf Jesus – drei Worte nur, aber in diesen drei Worten liegt das Geheimnis des Lebens. ***Tagesvers: Psalm 123,1.2***
19. Wenn wir nach jedermanns Pfeife tanzen, werden wir bald auf beiden Füßen hinken. ***Tagesvers: Galater 2,11-17***
20. Glücklich ist, wer an Gottes Verheißungen glaubt und alles Übrige der unendlichen Weisheit und Liebe Gottes überlässt. ***Tagesvers: Habakuk 2,3-4***
21. Wir wollen heute für unseren Gott leben und uns den ganzen Tag an ihm freuen. ***Tagesvers: Psalm 118,24***

22. Alle Verheißungen Gottes sind reich und unerschöpflich und ihre Erfüllung ist durch vertrauendes Gebet zu erlangen. ***Tagesvers: Psalm 106,4-5***
23. Vergiss nicht, dass die Freude Gottes auch groß genug ist, dein Herz ganz zu füllen. ***Tagesvers: Lukas 10,21-24; Johannes 15,11***
24. Weihnachtsfreude ist Freude über den Frieden, der durch Jesus seinen Anfang genommen hat. ***Tagesvers: Jesaja 53,5***
25. Weihnachten heißt doch die hellen Fenster der Heimat sehen. ***Tagesvers: 1. Johannes 3,1-3***
26. Gott ist ein Brückenbauer, sein wichtigster Brückenschlag zu uns heißt: Jesus Christus. ***Tagesvers: Matthäus 1,21-23***
27. Es ist keine Nacht so dunkel, dass uns nicht der Stern der Gnade in Jesus strahlte. ***Tagesvers: Jesaja 9,1***
28. Wenn du nicht mit Adlersflügeln aufsteigen kannst, Jesus rettet dich auch, wenn du hinkend zu ihm kommst. ***Tagesvers: Zefanja 8,17.19***
29. Ich freue mich über die Güte Gottes, der für seine Kinder neue Türen auftut, wenn sich alte schließen. ***Tagesvers: Apostelgeschichte 8,5-8.14-15.26-27***
30. Das Beste liegt nie hinter uns, sondern immer vor uns. ***Tagesvers: 1. Korinther 2,9***
31. Wohin gehen wir? Immer nach Hause! ***Tagesvers: 2. Mose 12,11***